Eveline Hasler studierte Psychologie und Geschichte und war später als Lehrerin tätig. Sie lebt heute als freie Schriftstellerin im Tessin, Schweiz. Zweimal wurde sie mit dem Schweizer Jugendbuchpreis ausgezeichnet. Neben Büchern für Kinder schreibt die renommierte Autorin auch Romane für Erwachsene, die ebenso wie ihre Kinderbücher vielfach mit Preisen ausgezeichnet wurden. 1994 erhielt sie für ihr literarisches Gesamtwerk den Droste-Preis.
Weitere Titel von Eveline Hasler bei dtv junior und dtv: siehe Seite 4

Rolf Rettich wurde in Erfurt geboren und wuchs auch dort auf. Heute lebt und arbeitet er zusammen mit seiner Frau Margret Rettich seit vielen Jahren in einem Dorf in Niedersachsen. Inzwischen sind weit mehr als hundert Bilder- und Kinderbücher mit seinen Arbeiten erschienen, außerdem arbeitet er als Fernsehzeichner und Maler. In der Reihe dtv junior Lesebär schmücken seine Zeichnungen auch die beiden Bände von Eveline Hasler ›Der Buchstabenräuber‹ (dtv junior Lesebär 7584) und ›Die Zenzi mit dem Wackelzahn‹ (dtv junior 75039) von Otfried Preußler.

Eveline Hasler
Der Buchstabenclown

Mit Bildern von Rolf Rettich

Deutscher Taschenbuch Verlag

Lizenzausgaben dieses Bandes erschienen auch in Frankreich,
Belgien und Spanien.

Zu diesem Band gibt es ein Unterrichtsmodell, enthalten in
LESEN IN DER SCHULE (Primarstufe), unter der Bestellnummer 8101
durch den Buchhandel oder den Verlag zu beziehen.

Von Eveline Hasler sind außerdem bei dtv junior und dtv lieferbar:
Der Buchstabenvogel, dtv junior Lesebär 7563
Der Buchstabenräuber, dtv junior Lesebär 7584
Die Buchstabenmaus, dtv junior Lesebär 75034
Der Buchstabenkönig, dtv junior Lesebär 75049
… bei dtv:
Anna Göldin. Letzte Hexe, dtv 10457
Der Jubiläums-Apfel und andere Notizen vom Tage, dtv 12557
Der Riese im Baum, dtv 11555
Der Zeitreisende – Die Visionen des Henry Dunant, dtv 12556
Die Wachsflügelfrau, dtv 12087
Ibicaba. Das Paradies in den Köpfen, dtv 10891
Novemberinsel, dtv 12707

Originalausgabe
Bearbeitete Neuausgabe nach den Regeln
der Rechtschreibreform
12. Auflage März 2001
© 1985 Deutscher Taschenbuch Verlag GmbH & Co. KG,
München
www.dtvjunior.de
Umschlagkonzept: Balk & Brumshagen
Umschlagbild: Rolf Rettich
Gesetzt aus der Trump 16/20´
Gesamtherstellung: Kösel, Kempten
Printed in Germany · ISBN 3-423-07572-4

Julia darf in den Zirkus gehen.
Die Nummer
mit den Clowns
gefällt ihr am besten.
Der große Clown
heißt Popone.
Der kleine Clown
heißt Popkorn.
Popone ist Popkorns Vater.

Popone nimmt Popkorn
auf die Schulter
und klettert
eine Leiter hinauf.
Der kleine Clown fällt
zwischen den Sprossen
der Leiter durch.
Er kugelt wie eine Nuss
am Boden.
Steht auf.
Wirft eine Kusshand.
Lacht.

Nach der Vorstellung
trifft Julia
den kleinen Clown.

Er sitzt vor dem Zirkus-
wagen und bläst
eine winzige Trompete.
»Deine Nummer war
die beste«, sagt Julia.
»Danke«, sagt
der kleine Clown.
»Was machst du morgen?«,
will Julia wissen.
»Ich muss üben«, sagt
Popkorn. »Üben, wie man
von der Leiter fällt.
Üben, wie man
eine winzige Trompete
bläst.
Üben, wie man mit Bällen
jongliert.«
»Jonglieren, was ist das?«,
erkundigt sich Julia.

Popkorn wirft drei Bälle
in die Luft
und fängt sie auf.
»Und du?
Was machst du?«,
will der kleine Clown wissen.

»Ich gehe zur Schule«,
sagt Julia.
»Lernst du lesen
und schreiben?«
Julia nickt.
»Mein Vater will,
dass ich besser schreiben
und lesen lerne«,
sagt Popkorn.
»Komm doch in
meine Schule«,
schlägt Julia vor. »Wir
haben eine nette Lehrerin,
die Frau Lohner.«

Am anderen Morgen
sitzen die Kinder
vor ihren Heften
und schreiben.
Da klopft es.
»Herein!«, ruft
die Lehrerin.
Popone und Popkorn
treten ins Klassenzimmer.
Frau Lohner spricht
mit Popone.
Dann sagt sie:
»Popkorn, der kleine Clown,
ist unser neuer Schüler!«
»Bravo!«, rufen die Kinder.

»Wo möchtest du sitzen,
Popkorn?
Wir haben ein paar
leere Plätze.«
Popkorn blickt sich um.
»Ich möchte am liebsten
neben der Julia sitzen«,
sagt er und lacht.
Julia wird ein bisschen rot.
Sie freut sich.

»Wer hat den kürzesten
Namen?«, fragt die Lehrerin.
»Ich!«, behauptet Anna.
Alle schreiben in ihr Heft:

»Mein Name ist kürzer!«,
ruft der Junge aus der
hintersten Bank,
»Popkorn, rate, wie ich heiße!«

Der kleine Clown überlegt:
»Vielleicht Max?
Vielleicht Uwe?
Vielleicht …?«
Er sagt einen
dritten Namen.
Der Junge nickt.

In der Pause rufen
die Kinder:
»Popkorn, spiele uns
etwas vor!«
Popkorn drückt sein Hütchen
ins Genick.
Er holt seine Trompete
aus der Tasche,
die ist nur so lang
wie ein Bleistift.

Dann macht er einen
Handstand auf dem Pult
von Frau Lohner und
spielt eine lustige Melodie.

Da kommt die Lehrerin
ins Zimmer zurück.
Die Pause ist vorbei.
»Popkorn soll während
der Stunde Clown spielen«,
rufen die Kinder.
»Gut«, sagt die Lehrerin,
»zeig uns, was du kannst,
Popkorn!«

An der Tafel steht das Wort:

Popkorn zaubert das H weg
und verändert das Wort
mit anderen Buchstaben.

HAUS

MAUS

LAUS

»Oh, das ist nicht schwer!«,
ruft Uli. »Ich verzaubere
auch ein Wort!«
Er kommt an die Tafel
und schreibt:

Nun wollen andere Kinder
auch zaubern.
Sie versuchen es
mit vielen Wörtern:

Dann schreibt Popkorn
einen merkwürdigen Satz:

»Das ist aber komisch«,
sagt Julia.

Der kleine Clown nickt:
»Der Buchstabe,
den ihr sucht,
steckt unter
meinem Hütchen!
Wer findet ihn und
füllt die Lücken aus?«
Popkorn schreibt
noch andere Sätze:

.AUL S.IELT
MIT DER .U..E

DIE .AN.E
ISS. .OR.E

Am nächsten Morgen
müssen die Kinder
ihre Hausaufgaben zeigen.
Popkorns Heft ist leer.
»Wo sind deine Sätze,
Popkorn?«, fragt die Lehrerin.
»Hier«, sagt Popkorn.
»Aber Popkorn!«, ruft
Frau Lohner.

»Mit Geheimtinte geschrieben«,
sagt der kleine Clown. »Man
muss das Heft nur
auf den Heizkörper legen.«
Frau Lohner legt
Popkorns Heft
auf die Heizung.

Jetzt kommt wie
durch Zauberhand
eine bräunliche Schrift
zum Vorschein.
»Klasse«, sagt die Lehrerin
und lacht.
»Wie hast du das
denn gemacht?«
»Mit Zitronen-
und Zwiebelsaft«,
sagt Popkorn.

Am nächsten Tag ist
auch Ulis Heftseite leer.
»Ich habe mit Geheim-
tinte geschrieben«,
entschuldigt sich Uli.
Frau Lohner legt das Heft
auf die Heizung.
Aber das Blatt bleibt weiß.
Uli fängt an zu weinen.
Er hat gelogen.
Er war zu faul
seine Hausaufgaben
zu machen!

Nur zehn Tage lang
bleibt Popkorn
in der Klasse.
Der Zirkus muss
übermorgen weiterziehn.

»Oh, wie schade«,
sagen die Kinder.
»Ihr sollt nicht traurig
sein«, sagt Popkorn. »Ihr
dürft morgen in den Zirkus
kommen. Umsonst.«

In der Vorstellung zeigen
Popone und Popkorn
alle ihre Kunststücke.
Es ist eine tolle Nummer.
Danach jongliert Popkorn
Buchstaben durch die Luft.
Das wirbelt nur so.

Die Kinder buchstabieren:

Popkorn lacht und winkt
der Klasse zu.